Édition française établie avec la collaboration de François Monneron, psychothérapeute au centre médico-psycho pédagogique de l'Aube, directeur associé au cabinet ANASYS

Texte français de Marie-Elisabeth Rouvières

ISBN 2-7192-1129-X
Édition originale ISBN 0-307-12483-5 Western Publishing Company Inc., Racine
© 1985 by Betty Boegehold, pour le texte original en anglais
© 1985 by Carolyn Bracken, pour les illustrations
© 1986 by Édition des Deux Coqs d'Or, Paris, pour l'édition en langue française
Édition publiée en accord avec Western Publishing Company, Inc. Racine, Wisconsin, USA.
Titre original *You can say no*

« Loi n° 49-956 du 16 juillet 1949 sur les publications destinées à la Jeunesse » -
Dépôt légal : Avril 1986. Les Deux Coqs d'Or éditeur n° 1/8645.08.85 - Imprimé en Italie (22).

Pourquoi faut-il parfois dire non ?

par Betty Boegehold
Illustrations de Carolyn Bracken

DEUX COQS D'OR

UN MOT POUR LES PARENTS ET LEURS ENFANTS

Un enfant informé est un enfant prêt. Quand les enfants grandissent et commencent à sortir seuls de chez eux, ils ont besoin de savoir comment réagir dans certains cas inhabituels.

Pourquoi faut-il parfois dire non ?
présente, en quelques histoires simples, l'exemple de différents enfants qui ont fait ce qu'il fallait, face à un adulte dont le comportement devenait soudain « bizarre ».

Avec ce livre, les enfants pourront trouver des réponses à certaines questions de la vie qu'ils se posent et en parler avec leurs parents.

Cet album aidera les parents non seulement à préparer leurs enfants à se protéger mais aussi à dialoguer avec eux, à propos de situations où il peut leur arriver de courir des risques.

DANS LES GRANDS MAGASINS

Je faisais des courses avec Maman et… elle a disparu.
Je ne la vois nulle part. Qui s'est perdu ? Elle ou moi ?

Que faire ? Pleurer ? Oui, un peu. Courir dehors pour la
chercher ? *Oh, non* ! Suivre la dame qui me dit : « Viens avec moi,
mon petit » ? Non, pas question ! Aller avec le monsieur qui me
dit : « Viens fiston, allons la chercher ensemble ! » *Non,
surtout pas* !

C'est avec Maman que je veux aller. Alors, que faire ?
Exactement ce que Maman m'a dit de faire si j'étais perdu dans un
magasin. Je demande à une vendeuse : « Pouvez-vous m'aider à
retrouver Maman ? Elle a des cheveux bruns, des lunettes et elle
s'appelle Madame Romarin. »

La vendeuse a prévenu quelqu'un qui a lancé un appel dans tout
le magasin. Ils ont retrouvé Maman et Maman m'a retrouvé.

DANS LE PARC

Je suis au parc, j'essaye ma bicyclette neuve. Tout le monde me regarde. Je suis content. Un homme s'approche de moi. On dirait qu'il me connaît. Moi, je ne le connais pas.

« Salut, Didier, me dit-il. Ta maman veut que tu rentres tout de suite à la maison. Viens, je te ramène en voiture. »

Moi, je lui réponds : « Tiens, c'est bizarre ! Maman est juste-là, assise sur ce banc ! Je peux y aller tout seul. »

Et je crie de toutes mes forces : « Maman ! » Si vous voyiez à quelle vitesse l'homme s'enfuit !

J'ai envie de rire. Pourquoi ?

Parce que Maman n'est pas assise sur le banc. Je me suis
moqué de cet homme. Pourquoi ? Parce qu'il s'est moqué de moi !

Comment puis-je le savoir ? Parce que je ne m'appelle pas
Didier, je m'appelle Denis. Et il devrait savoir que je ne
monte pas dans la voiture de quelqu'un que je ne connais pas.
Il me voulait peut-être du mal. Je ferais mieux de rouler
jusqu'à la maison sur ma bicyclette neuve et de tout
raconter à Papa et Maman.

EN PRENANT LE COURRIER

Tous les matins, je descends chercher le courrier dans notre boîte aux lettres.

Je dis « Bonjour ! » au facteur et à notre voisin d'au-dessus. Mais je ne dis pas « Bonjour ! » à l'homme qui balaye l'entrée et les couloirs. Je ne l'aime pas. Je n'aime pas sa façon de me parler et de me regarder. Il me fait un peu peur.

Il m'appelle « ma poulette » et « mon petit chou ». Il n'y a que Papa et Maman qui m'appellent comme ça. L'homme qui balaye me fait une drôle d'impression.

Ce matin, en courant au tournant du couloir, je me cogne contre lui. Le choc est si rude que je tombe par terre. Il se penche et il dit : « Est-ce que ma petite chérie s'est fait mal ? Voyons voir. »

Alors, il commence à me tripoter. Je n'aime pas ça.

Il me touche partout. Il me fait peur et je me jette en arrière de toutes mes forces.

Je crie : « Arrêtez ! » Je me sauve en courant.

Je l'entends dire :

« Reviens, mon petit chou. J'ai une belle grande poupée pour toi, à la maison. »

Je cours encore plus vite jusqu'à ce que j'arrive dans les bras de Maman. Elle me serre fort parce que je pleure beaucoup. J'ai peur de lui dire ce qui m'est arrivé.

Elle me berce un peu et elle me dit tout bas : « Allez, raconte-moi. Tu peux tout nous raconter à Papa et à moi, même si c'est difficile à dire. »

Alors, je lui raconte tout !

Elle me serre encore plus fort et dit : « Tu as bien fait de te confier à Maman. Tu dois toujours tout raconter à Papa et à moi. Tout, quelque soit ce qui t'arrive. Nous allons nous occuper de cet homme. Il n'a pas le droit de te toucher comme ça, ni lui, ni personne. C'est ton corps à toi et personne n'a le droit de jouer avec. Personne ! »

C'est bien mon avis à moi aussi.

A L'HÔTEL

Nous arrivons à l'hôtel après un long voyage. J'ai froid, j'ai faim, je suis tout raide et courbattu. Tout le monde s'affaire. Papa et Maman s'occupent des bagages et ma grande sœur essaye de calmer le bébé qui hurle comme une sirène. Lui aussi doit avoir froid et faim et se sentir tout engourdi.

Je décide d'aller voir s'il y a une salle de jeux vidéo quelque part dans cet hôtel. Je cours dans les couloirs pour en trouver une.

Un homme sort de sa chambre et me dit : « Qu'est-ce que tu cherches, mon garçon ? »

Je lui réponds : « La salle de jeux vidéo ». Alors, il me dit : « J'ai un jeu super dans ma chambre. Viens voir ! »

L'homme met sa main sur mon épaule. J'essaye de l'enlever mais il me prend par le bras et me tire pour me faire entrer.

Je pousse un cri : « Papa, Maman ! »
Et je saute aussi fort que possible sur les deux pieds de l'homme.
Il crie lui aussi et me lâche. Papa et Maman arrivent en courant.
L'homme se sauve. Papa et Maman essayent de le rattraper.

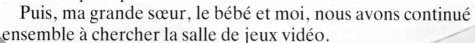

Ma grande sœur arrive. Elle me dit : « Tu t'es bien débrouillé. »
Mais je lui réponds : « Non, pas si bien que ça ! Je n'aurais pas dû
m'arrêter pour parler à cet homme. »

Puis, ma grande sœur, le bébé et moi, nous avons continué
ensemble à chercher la salle de jeux vidéo.

A LA TÉLÉVISION

A la télévision, j'entends : « Un jeune garçon a disparu.
Les enquêteurs redoutent l'acte d'un déséquilibré. »

Je demande à Papa : « Qu'est-ce que ça veut dire, l'acte d'un
déséquilibré ?

— Cela veut dire que quelqu'un de malade ou de méchant a
peut-être fait du mal à ce petit garçon », répond Papa.

Je dis : « Mais comment a-t-il pu l'attraper ? »

Papa vient s'asseoir à côté de moi. Il me dit : « Écoute bien. Il y a des gens en qui tu peux avoir confiance, mais dis non aux inconnus qui te demandent de venir avec eux ou qui essaient de te toucher ou de te faire monter dans leur voiture. Ils sont peut-être dangereux.

— Mais qu'est-ce que je fais si j'en rencontre un ?

— Sauve-toi en courant, répond Papa. Rentre vite à la
maison ou cours vers un agent de police. Ne parle jamais à un
inconnu qui te demande de le suivre. Ne t'approche même pas
de lui, et, surtout, *ne le suis pas* !

— Est-ce que le petit garçon était parti avec un inconnu ?

— Peut-être, répond Papa tristement. Peut-être que personne
ne lui avait jamais dit : « *Ne va pas avec des inconnus*. »

— Mais pourquoi des inconnus veulent-ils faire du mal aux enfants ? » Papa soupire. « Je ne sais pas, dit-il. Je crois que ce sont des malades mentaux. Alors, ne t'en approche pas, même s'ils disent que c'est Maman ou moi qui les envoie te chercher. Nous n'enverrons *jamais* un inconnu te chercher. Ne suis pas non plus des gens comme un livreur ou le vendeur de l'épicerie. *Va seulement avec ceux que tu connais très bien.*

— D'accord, Papa, mais j'ai un peu peur. Et si un inconnu m'attrape quand même ? »

Papa sourit et me serre dans ses bras. « Personne ne peut t'attraper si tu fais attention et que tu ne t'approches pas. Rappelle-toi :

Ne parle pas aux inconnus. Ne réponds pas s'ils te parlent.

Ne t'approche pas d'eux s'ils t'appellent, et ne monte jamais, *jamais dans la voiture d'un inconnu.* »

Je promets de ne pas le faire.

Et je ne le ferai jamais !

CHEZ MONSIEUR GERMAIN

Delphine est mon amie. Nous nous racontons tout, absolument tout. Aujourd'hui, elle a l'air un peu triste et effrayé.

Je lui demande : « Qu'est-ce qui ne va pas ? Tu peux me le dire ! » Delphine hoche la tête et regarde par terre.

J'insiste : « Allez Delphine. Dis-le moi. On se dit tout d'habitude, toi et moi.

— Quand monsieur Germain vient me chercher à l'école, nous allons chez lui, dit Delphine en regardant ses chaussures, et il joue à des jeux bizarres avec moi.

— Quel genre de jeux bizarres ? »

J'ai l'impression que Delphine va se mettre à pleurer. Enfin, elle dit : « Des vilains jeux. On enlève nos habits et il fait l'idiot avec moi. Il me donne des gâteaux et des bonbons, mais, moi, je n'ai pas envie de jouer avec lui.

— Oh, Delphine ! C'est mal ! Ton monsieur Germain est méchant. »

Delphine se met à pleurer. « Moi aussi, dit-elle, je suis méchante. J'ai peur d'en parler à Maman. Elle va dire que c'est de ma faute.

— Je suis sûre que non. Viens, je vais t'aider à en parler à ta maman. Elle ne te grondera pas du tout. »

« Qu'est-ce qu'il y a, chérie ? » demande la maman de Delphine en la voyant pleurer. Delphine pleure de plus en plus, alors je dis à sa maman : « Monsieur Germain lui fait enlever ses habits pour jouer à des jeux bizarres avec elle. Delphine croit que vous allez la gronder.

— Oh, Delphine ! » dit sa maman. Elle la serre dans ses bras et dit : « Bien sûr que non ! Tu n'as rien fait de mal ! C'est la faute de monsieur Germain. Raconte-moi ce qui est arrivé. »

Et Delphine raconte.

« Vous avez bien fait de m'en parler, nous dit la maman de Delphine. Si quelqu'un fait des bêtises avec vous, parlez-en toujours à vos parents, même si c'est quelqu'un de la famille. Les adultes qui ont envie de jouer à ces jeux avec des enfants sont des malades. Il faut les éviter. Vous avez le droit de dire NON, et de dire : *Ne fais pas ça !* Vous avez le droit de crier et de vous sauver en courant. D'accord ?

— D'accord, murmure Delphine. Est-ce qu'il faudra que je revoie monsieur Germain ?

— Sûrement pas ! répond sa maman. Et maintenant, si vous m'aidiez à faire de la citronnade ? »

Je dis à Delphine : « Tu vois, ta maman ne t'a pas grondée ! » Et Delphine sourit.